Kaffemeditation
und andere Gedankenfreiräume
Gedichtband

Für Karin

von

Volker Brattig

Autor

Mitte des zwanzigsten Jahrhundert geboren, bin ich die ersten Lebensjahre auf einem kleinen Dorf im Norden Deutschlands in einer Landarztfamilie aufgewachsen als letztes von vier Kindern. Nach dem Tod meines Vaters zog ich mit meiner Mutter zur Großmutter in die Stadt und lebte fortan ohne meinen Geschwister in einem Frauenhaushalt, der meine Bereitschaft zu helfen förderte. Gegen Ende der Schulzeit nahm ich an der aufkommenden Schülerbewegung teil - sie half mir Widerstand, wenn auch zaghaft, zu erproben. Nach der Schulzeit entschied ich mich für ein Psychologiestudium. In der Studentenbewegung fand ich meine in jeder Hinsicht liebenswerteste Lebenspartnerin und sie erwiderte glücklicherweise meine Zuneigung. Nach verschiedenen Städten kehrte ich mit meiner jungen Familie zu dem Ort zurück, in dem meine Mutter lebte, die an Krebs erkrankt war, sie starb aber leider im gleichen Jahr. Zwei Kinder wuchsen in unserer Familie auf, ein weiteres Kind starb im ersten Lebensjahr, es war für mich bisher der einscheidensten Verlust, in dem ich Unvorhersehbarkeit, Schmerz und Trauer erlebte. In meinem Berufsalltag hatte ich viele Begegnungen mit Menschen, denen ich versuchte auf verschiedene Weise gerecht zu werden. Am Ende meines Berufslebens fand ich den Zugang zu Yoga, der mir neue Perspektiven in der körperlichen und geistigen Beweglichkeit eröffnete.

Buch

In den Gedichten dieses Buches setze ich mich mit persönlichen Erfahrungen wie Freundschaft, Sterben, Natur und Lebenswerten auseinander. Den richtigen Rhythmus zu finden ist mir wichtiger als einen Reim. Ich experimentiere auch mit der Sprache, in dem ich den inhaltlichen Gedanken mit der textlichen Gestaltung verbinde. Die Gedichte geben Anregungen für eigene Überlegungen und Stimmungen wieder, ihr Stil ist mal kurzweilig und mal besinnlich. Das Buch ist zum Stöbern und Entdecken gedacht.

Biografische Informationen der Deutschen Nationalbibliohek:
Die Deutsche Nationalbibliothek verzeichnet diese Publikation in
der
Deutschen nationabibliothek, detailleirte bibliografische Daten
sind im Internet
über dnd.dnd.de abrufbar

TWENTYSIX - Der Self-Publishing- Verlag
Eine Kooperation zwischen der Verlagsgruppe Random Hióuse
und
BoD - Bokks on Demand

Erstausgabe
2019 Volker Brattig

Herstellung und Verlag:
BoD - Books on Demand

Inhaltsverzeichnis

Daheim

vertraut und geborgen
fühle ich mich
sicher

aufbrechend zu Neuem
wage ich
mich raus

Kräftigung erhoffend
strebe ich
zurück

liebende Menschen und
mein Sach'
sind mein

daheim

Begegnung

Lass mich als Vögelein
landen auf Deiner Schulter
und Dein Herz erfreuen.

Zeig Dir mein Federkleid,
recke meinen kleinen Kamm
aus liebender Torheit.

Du Schenkst ein Lächeln mir
mit Deinem hübschen Gesicht,
in das ich mich verlier.

So gut ich eben kann
zwitschere ein Liedchen -
die Zeit bleibt so im Bann

Kaffeemeditation

Ich sitze wohlige
Schwere und Wärme
spürend unberührt
vom weltlichen
Treiben.

Durch die Augen
drängt in die Ferne
der Blick pausierend
in luftigen
Sphären.

In den Ohren
fließt tönend ein Säuseln
nicht interpretiert
verhallend
zum Klang.

In die Nase

steigt auf Aroma
belebend den Geist
gedankenvoll
munter.

Hände wärmend
schmiegt sich das Gefäß
in den Fingerkelch
im Inneren
ruhend.

Dös'

nicht, so schallt es rundherum ,
tu was, lies was,
entspannen macht Dich bloß dumm.

Kaps'
keine Löcher in die Luft,
streng Dich mehr an,
dass Dein Leben nicht verpufft.

Spiel
nicht dauernd mit den Daumen,
nutzt Hand und Kopf
Dein Leben aufzuräumen.

Bleib
bloß nicht im platten Durchschnitt,
rage heraus,
sonst hält Dich niemand für fit.

Bedenk
diese Sätze haben Macht,
wenn Du ihnen
folgst vollständig unbedacht.

Kreist'
dann um Dein Universum
scheinbar losge-
löst von allem Drumherum.

Strebst
an höchste Maximierung,
die führt nur zur
respektlosen Plünderung.

Bringst
Leistung für eitlen Gewinn,
genügsam Aus-
kommen, kommt nicht in den Sinn.

Zielt
es ab auf's Konsumieren,
alle nur auf
Menge noch spekulieren.

Schlägt
Austausch über die Stränge,
bleibt es aus, dass
Nachhaltigkeit gelänge.

Züg'l
Dein Begehr, halte Maß bei
Mammon und Kost,
so bleiben Ressourcen frei.

Hebt
nicht die Welt aus den Angeln,
lebensdienlich
lasst uns zukünftig werkeln.

Kannst
auf manchen neuen Wegen,
wandeln, die an-
d're Erfahrungen schenken.

Vertief
das Dösen, Kapsen, Spielen
so kannst Du auf
Meditatives zielen

Nimm
Dir für innere Ruh Zeit,
gebe Dich hin
der friedlichen Verbundenheit.

Kulturiges Weimar

Vom vertrauten Leineufer

Strebten wir gespannt

Ins thüringische Land

Auf der breiten Autobahn

Ging nach Süden die Fahrt

Mit hohem Tempograd

Mit dieser großen Geschwindigkeit

Hielten wir noch fest am Zeitgeist

Der uns auf solche Hast verweist

Nach dem Wechsel zur Landstraße

Wurde Tempo herausgenommen,

So mäßigten wir das Fortkommen

Unsere Augen konnte mit mehr Ruhe

Die abwechslungsreiche Landschaft langsam streifen

Die wir so in uns aufnahmen - zum Begreifen

Eingestimmt durch Goethe's Briefe

Näherten wir uns unverhohlen

Dem Reiseziel auf runden Sohlen

Nach den Serpentinen am Kyffhäuser

Ging geradewegs die Fahrt zum Schluss

Nach Weimar - gelegen am Ilm - Fluss

Unser über Email kontaktiertes Hotel

Fanden wir ganz ohne allzu große Mühe,

Für die Zimmervergabe war es zu frühe

Sack und Pack im Speiseraum zurücklassend

Startete wir durch zur Stadterkundung

Sogleich um die nächste Straßenrundung

Das berühmte Denkmal der Dichterfürsten,

Von Sonnenlicht beschienen, erhob sich bald

Vor unseren Augen in schöner Gestalt

Wie nach einer langen Fahrt verständlich

Suchten wir ein Cafe mit Latte Macchiato

Und einem von uns dringend benötigtem Klo

Entlastet und gestärkt ging es suchend weiter

Auf einer Fußgängerzone - Baum bestückt -

Schlenderten wir gemächlich und beglückt

Die Atmosphäre war gelöst und beschaulich

Galant spazierten die Menschen ruhig fließend -

Oder saßen plaudernd, die Sonne genießend

So suchten und fanden wir den Frauenplan

Dort Goethe und Christiane einst ein Haus bewohnten

Dem wir den nächsten Morgen gänzlich widmen wollten

An kleinen einladenden Gaststätten und Läden vorbeizie-
hend

Gelangten wir auf einen Platz mit buntem Markttreiben
und

malerischen Hausfassaden. Doch uns zog's zum grünen
Grund

Das Turm bewehrten Schloss wenig beachtend

Querten wir auf einer Brücke das friedvoll strömende Flüss-
chen

Denn es zog uns zum jenseitig liegendem Gartenhäuschen

Auf der anderen Uferseite gab es zwei Quellen

Die eine sich wohl aus einem Hang ergießend,

Die andere aus dem Boden empor sprießend

Diese Quelle sprudelt in ein flaches rundes Becken

An dessen Rand sich mensch ganz bequem niederlassen
kann

Dann kommt er mit den Füßen an das kühle Nass heran

Von dort aus führten teils geschwungene Pfade teils breite
Wege

Entlang von lichten Baumbeständen mit kleinen Ausbli-
cken weiter

An die sich eine Rasenfläche anschloss und die Sicht wurde
breiter

Der Blick wurde frei auf das gesuchte Appartement

Das sich weiß und grau leuchtend vom Grünschmuck abhob
sanft

So stand es eingefügt im Panorama der Landschaft

Gemessenen Schrittes gingen wir quer über den Rasen

Auf das Grundstück zu und spähten durch die lückenhafte
Hecke

In den Garten, dort sahen wir gleich den Glückstein in einer
Ecke

Dann wandten wir uns der Eingangspforte zu

Denn wir wollten gerne den Garten uns genau betrachten

So zückten wir die Geldbörse, da wir zu zahlen dachten

Doch großzügig wurde für den gärtnerischen Teil

Kein Eintrittsgeld verlangt, so drangen wir weiter in ihn ein

Über schön gepflasterte Wege mit Symbolen groß und klein

Die Pflanzenwelt war nicht exotisch aber abwechslungsreich

Doch am schönsten waren die von Beeten umgebenen Sitzge-
legenheiten

Die wir auch an späteren Tagen zum besinnlichen Verwei-
len aufsuchten

Nach solchen versonnenen Pausen, in denen die Seelen at-
meten

Strebten wir wieder in das städtische Leben über Pfade und
Brücken

Denn dort wurde auch manches geboten zu unserm weiteren
Entzücken

So beschlossen wir diesen ersten Tag wie auch die noch fol-
genden

Mit dem Besuch eines unter Bäumen gelegenen Restau-
rants am Abend

Uns im Freien am kühlen Bier und fetzig gespielter Klez-
mermusik labend

Anderntags spazierten wir wieder auf Schusters Rappen zu
Kultstätten

So natürlich in das Goethische Stadthaus mit seiner bil-
dungsreichen Atmosphäre,

Vermittelt durch kopierte und originale Schätze der huma-
nistischen Lehre

Doch ein anderer Geist durchwehte ein Teil dieser Wohn-
stätte

Der ausging vom persönlichem Stil der Christiane, die hier
ja ebenso wohnte

Und sich unter den sie kaum anerkennenden Lebensbedin-
gungen behauptete

Auf der von der Straße abgewandten Hausseite

Befand sich ein Blumenrabatten reicher Garten, von der
Sonne gepflegt

Auch nutzvolle Kräuter- und wohl auch Gemüsebeete waren
angelegt

Zwischendurch galt es kleine Unterbrechungen einzulegen

Dazu verhalf uns am Rathausplatz ein unauffälliges klei-
nes Cafe

Dort gab es leckere Latte Machiatto und freundliche Bedie-
nung -he

Versteckt hinter der großen Herderkirche fanden wir

Den dritten Garten, in dem sich viele Pflanzen etwas wild
wachsender zeigen

Dafür ordentlich die botanischen Erkenntnisse des einstigen
Besitzer aushingen

Schließlich statteten wir noch zwei Friedhöfe unserem Be-
such ab

Der eine lag offen zum Himmel um eine Kirche, an der Sei-
te Christianes Grabstelle

Der andere Baum verdunkelt mit Mausoleum und gold-
strahlender russischer Kapelle

Neben zwei kleinen Büsten der Dichterfreunde

Brachten wir einen Ableger einer Pflanze wurzelnd in Ur-
zeiten mit

Als lebende Erinnerung an unsere wunderschöne Reise zu
zweit

Doch wir werden wieder dieses Städtchen besuchen

Dem Schiller wollen wir uns noch widmen, er kam zu kurz
bei dieser Reise

Und die Umgebung gilt es noch zu erkunden auf unsere
gründliche Weise.

Rast im Entenfang

Die Zeit ist gefallen

wie farbbunte Blätter

vom Sonnenschein durchleuchtet

von Regentropfen benetzt

im Wind gewogen

vom Sturm getrieben.

Wir sind eingekehrt

um uns zu stärken

durch aufgetischte Speisen

an kredenzten Getränken.

Genuß schenkendes

Verweilen im Hort

Heute sitze ich beim Landheim

Heut sitz ich beim Landheime

des Nachts im Mondenscheine

und sinn so für mich hin.

Was könnt sein des Lebenssinn?

Nach sechzig bunten Lenzen

graue Haare das Haupt umkränzen.

Bewegung hält uns all gesund,

feiern macht das Leben rund,

Freundschaft lange Zeit erhalten,

Tägliches kreativ gestalten,

in Familie gerne leben,

Hilfe alle Zeit frei zu geben.

So kann noch viel Wasser munter

fließen die Leine herunter.

Wohlan

(fürSam)

Wohlan kleiner Wanderer wohlan
wohin soll die Tour nur gehen
`runter oder hoch hinaus,
wo die großen Gletscher liegen?

und wenn der Weg einmal zu steil ist
und die Puste geht Dir aus
dann leg' einfach ´ne Rastzeit ein,
schau zum Himmel hoch hinauf - jawohl

(Nach empfunden dem Lied „Ahoi" von Wolfgang Müller)

Roter Mohn

(trhekreV)

.nebewhcs

,snu uD tssäl oS

.riw nemuärt tgeregna

oS .ssuK nie eiw eleeS eresnu

tmräwre dnu nenöT nednemmalf ni

dnereignahc thcarP etor enies

hcis tetalftne ennoS red

niehcS mov thcaftnE

.nrettälB

netkcazeg

lamhcs nov

nebegmu

beirT red

ehöH na

tnniweg

hcilhämllA

?negozeg

re driW

?nhi se tgnärD

,ethciL sni re tshcäw

dnenürgrE. leknuD

ednerhänre nhi sad

ssorpS red traz tliet

tieZ reneis

uZ

Mohnuntergang

Rot tanzt er

über die wogende Wiese

wie eine sinkende Sonne

am Horizont -

geträumt am Meeressaum

Rosenbogen

betört von Düften.

liegend in den	Lüften
Wachsen und	auch welken
So mag ich lange	an Deiner Seite
Raum Eigenes frei	entfaltend zu erleben.
Wir ranken fest um	einander und geben
im Hoffen, es wird	achtsam empfangen.
Dem anderen von	sich etwas geben
uns ist echt wichtig,	das ehrliche Gefühl.
Oft wird uns ganz heiß	mal bleibt's auch kühl,
wir traulich eng	bei einander sind.
Ob Sonne, Wolken,	Flaute und Wind
nimmt chevaleresk	der andere ihn mit.
einander - kommt	einer aus dem Tritt,
im Rhythmus sich	schmiegen im Tanz
Seit dieser Zeit	unsere Herzen ganz
mit Deinen Armen	zart umschlossen.
Glücksmoment –	bewahrend sicher
und Du hast mich	- oh himmlischer
meines Herzen	liebgewonnen
Dich habe ich	mit den Augen

Zwei Bäume

(1. Version)

Sie wachsen empor
und stehen nah bei
doch ein Teil bleibt frei.

Äste in einander
sich filigran verzweigen
sich als eine Kron' wiegen.

Die Knospen kommen,
die Blätter gehen,

die Stämme erstarken,
die Wurzeln tief gründen.

So können sie den Launen
jedes Wetters stets trotzen.

Zwei Bäume

(2. Version)

Sie haben Platz

neßeirps hcsirf rättelB

neben einander gefunden

nehewrev dnellaf dnu

Ein Teil der Äste sich

nehets nebielb emuäB eiD

in einander filigran verzweigt

nedapaksE srettew sed dneztort

ein anderer sich frei hinausstreckt

trhäneg gidnätseb dnu netlaheG

Gemeinsam

nlezruW nov

sie sich

tednürgeg fiet

zur Krone weithin sichtbar wohl geformt

tkcetsrev ,norknedrE sla nehesegnu

Kastanie

Ich schenk Dir

eine glatte braune Frucht

mit einer feinen Maserung

aus erdigwarmer Farbtönung

die bis ins Schwarzdunkle übergeht.

So individuell geschaffen wie die Farben

ist Ihre Form, es gleicht sich keine von Ihnen

und doch kommt der helle Sprossenfleck zur Rast

auf dem Boden liegend zum Keimen bereit ohne Hast'

denn Feuchtigkeit und Wärme müssen sie erst nähren.

Diesen besonderen Samen lege ich in Deine Hände sanft

denn er ist gereift durch die sommerlichen Sonnenstrahlen.

Diese hat er innig in sich aufgesogen, das lässt sich fühlen.

So spendet er Dir in kommenden kühlen Tagen Herzigkeit,

die der klammen Finger Kühle pulsend lindern möge.

Hast Du seiner

genug genossen

gibt ihn los und

frei der Erde hin.

So wird er mehr noch

von sich schenken können.

Mauerbirke

Sie wächst aus

einer der Fugen

des Steinmäuerchens

mit kühn geformtem Bogen

Sie bahnt sich

apart einen Pfad

zum Sonnenlicht empor.

Wurzelnd am erhöhten Ort.

Aus ihr sprießt

aufs Neu jedes Jahr

in feinstem Hellgrün

die Blätterkron' wunderbar.

Sie wippt in

des Windes Wogen

mit den zarten Ästchen,

als wollt sie zum Flug starten.

StarkenStürmen

gelingt es auch nicht

sie aus der Wand zu zerr'n

Sie neigt sich nur wie Röhricht

Von oben

sie schattig kühlt

durch ihr laubiges Dach,

jeder es unter ihr fühlt.

Sie leuchtet

zur Herbstzeit

im schönsten sonnengelb

von der hohen Warte weit.

Nur selten

bricht sich eine

ihrer Art prachtwoll Bahn

an ungewohnten Stelle

anzeigend:

eine Chance

kann im Besonderem

Löwenzahn gleichend liegen.

Olivenbaum

Jung sind Stamm und Zweige
biegsam und glatt berindet,
schmal wüchsig verschwindet
im Horizont - bis er

Zeiten und Wetter
trotzend und nutzend
wächst zur Silhouette heran -
Landschaft um sich prägend.

Dann wiegt sich seine Krone
in Winden - vertrauend
dem tief wurzelndem Stamm.

Silbrig grünlich schimmert
vorm Himmelsblau
das Blätterzelt.

Grün oder schwarz glänzt

auf sandigem Boden
das Früchtemeer,
zum Bücken nah.

Wird der Stamm im Alter knorrig
und seine Borke gänzlich faltig,
solange junge Triebe sprießen
können wir Früchte genießen.

Mag die Krone dereinst
auch verwelken
und der sie tragende Stamm
nicht mehr stehen,

so werden die Früchte
ihn vielfach entfalten
und den markanten Baum
in Wandlung (er)halten

Ast

Armstark ragt er frei in die Welt,
ist als Zweiglein geknospet
und hat sich umringend gestärkt.

Die einst glatte Borke ist nun
aufgesprungen und rauer
doch er wiegt dich selbst im Taifun.

So verbindet er Stärke mit
Beweglichkeit, solange ihn
durchströmender Saft biegsam hält.

Dringt in ihn Trockenheit blättert
auch die Borke und er erstarrt;
Windlein ihn nun zum Ächzen bringt.

Er bleibt mit dem Stamm verbunden,
über den er zur Erde stößt -
wo sich Leben und Tod finden.

Blätter

Nach knospend ins Grün
entsprungen,

ein Leben am festen Ort
tanzend nach
dem Rhythmus
des Windes.

Später kommt der Abschied
beim warmen Sonnenlicht
oder fahlen Mondschein
sei es trocken
oder feucht

indem es sich trennt
wie von selbst
von der Erde
angezogen

Blatt

indem es sanft gelöst wird
von einem luftigen Hauch
der es drehend taumeln
dem Grund zu streben lässt

indem es gerissen wird
von der Böe Schwung
mal nach oben geweht
dann ruhend am Boden

indem es vereint mit vielen
Konfetti gleich aus närrischen
Händen in bunter Schar
zur Ruhstatt abwärts schwebt.

Dort angelangt verweilt es
bis es aufgeht nährend
den irdischen Schoß.

Grün

Ich träume vom
frischen Grün in
der Natur.

Es zeigt Werden
selbst nach jedem
Vergehen.

Dient Grün als
Camouflage dem
Hinterhalt

droht Vernichten
statt Entwicklung
gewähren.

Befrei Tarnen
vom Zerstören

und streb'

nach der großen
Verbundenheit
allzeit

Mondrose

Silbern leuchtest Du

und klar

an meinem Himmelszelt.

Strahlest wirklich mir

ganz nah

bei meiner Erdenwelt.

Ziehest rund um mich

leise Kreise

am blauen Horizont.

Wünsche ich für mich

im Mittelpunkt

für Dich zu seien.

Sehe ich Dich dann

rötlich glühn,

deckt mein Schatten Dich,

denn hinter mir scheint

für uns lieblich

hell der Sonnenschein.

Wenn Du nur bist halb

zu sehen, dann

träum' ich Dich mir ganz,

denn innerlich in

meinem Herzen

bist Du wunderschön.

So kann Trennung uns

nicht betrüben,

wir sind immer eins.

Jahre

Sie gehen unmerklich

in Trippelschritten

manchmal laufend

selten in Sprüngen.

Voraussehend

erscheinen sie ausgedehnt,

zurückblickend

verbleiben sie fokussiert.

Ihr wesentlicher Kern

ist die Unaufhaltsamkeit,

sie aus Leere besteh'n

füllbar mit Erfahrenheit.

Sie werden mal

nahezu stehend

erlebt dann schnell

vorwärts strömend;

sie geben allem

Entwicklungsmöglichkeit

vom frischem Keim

bis zur Vollendung.

Durch künstliche Einteilung

wird Gleichform suggeriert,

so wird stetige Wandlung

erst menschlich präpariert

Aufs Neue

Wie im
Frühling
der Spross sich
seinen Weg sucht,
der schon angesetzt
im Herbst und
geruht im Winter -

so bricht Frische
sich Bahn aus
dem Überwundenen
und erfreut das
Herz mit seiner
zarten Unverwüstlichkeit.

Ostern

o

stern

bitternis aufs

höchste gebracht

schmerzen ertragen

wandelt mit macht

erlösend neu ins

beseelte wohl

sein

Ostern in den Bergen

Die Schweiz

Berge ragen steil

Flüsse und Seen spiegeln

Himmel unter uns

Wandern

Gemeinsam im Schritt

nehmen wir uns auf dem Weg

durch die Landschaft mit

Rast

An Deiner Seite

zu verschnaufen, erquickt mich

an Leib und Seel

Valentinstag

Oh zum Valentin
ich wie er
ganz kopflos bin,

ich aus meiner Lieb
zu Dir das
Herz vors Haupte schieb,

er selbstlos Andern
Segnung schenkt
trotz Verbot vom Herrn,

Glücksdelirium
bei mir, bei
ihm Martyrium,

beides auf seine Art
führt zur
Seligkeit hier wie dort

Herbst

Fahles Morgenlicht

hebt weiße Nebeldecke leicht empor -

Morgenfülle

nicht gestört durch Menschenwille.

Sonnenstrahlen

wärmen Wesen, die sie genießen

Behaglichkeit

führt zur inneren Seligkeit.

Blauer Himmel

über das Vergehende hoch gespannt -

Horizontweite -

freier Blick zur Ruhe leite

Klare Lüfte

strömen frisch über das Land,

Lebenshauch

gebildet zum kühlenden Rauch.

Graue Wolken

tragen schwer an Regen, Hagel und Schnee,

Wasserspender

für die Wälder und der Felder.

Heftige Stürme

fegen Blätter und Früchte von Ästen –

Fortbestand

halten, erneuern Hand in Hand.

Schwebender Fall

Blätter gelöst gleiten zum Boden,

Wandlung

ist Humus für Erneuerung.

Früchte leuchten

und locken zum Verzehren,

Spenden

Kraftvolles zu Anderen senden

Abendsonne

bringt zartes Laub warm getönt zum Scheinen –

Farbenkaleidoskop

bunte Muster bilden sich ab.

Dunkles Firmament

Stern gesprenkelt, mondstill durchwandert

Kosmoswelten,

uns Wissen begrenzt erhellten

Wintersonne

Graue dichte Wolkenlagen,

die Sonne sichtlich ganz verhüllen.

Gleich einer Daunendecke füllen

sie den blauen Himmelsbogen.

Bei kühlem Wetter wie Samt

Regen niederfällt, der das Erdreich nässt,

dies alsdann durch und durch erweichen lässt,

dass welkes Laub verschlammt.

In die Erde bereits versank

von Baum, Busch und Gräser der Samen,

Farben und Düfte sie mit sich nahmen

desgleichen ihr Rascheln verklang.

Wenn Winterwinde heftig wehn

sie die Wolkendecke kräftig lichten

aus einander reißen alle Schichten,

so dass etwas Blau ist zu sehn.

Öffnet sich der Himmel ganz

die helle Sonne blendend hervortritt,

und bringt vom hohen Norden Kühle mit -

Raureif zeigt seinen Glanz.

Trotz Sonnenstrahlen die Welt

erstarrt, wird eisig und fast unbelebt.

Alles Wesenhafte zum Schutze strebt

unter sein wärmendes Zelt.

Der Flora zur Erhaltung nützt

als Kältepuffer die weiße Pracht

auch der gläserne Eismantel sacht

sie bewahrend vorm Ende schützt.

Der Sonne niedrige Strahlen

bringen die Schneekristalle zum Glitzern

und schimmern durch die eisigen Schützern

so tilgend manche Qualen.

Steigt der Lichtkugel Energie

Kälte lauen Lüften weichen muss,

alles Leben erneut kommt in Fluss.

Der Winter gibt ab die Regie.

Nordseestrand im Winter

In roten Ohren hallt das stetige Brausen nach

von unzähligen Wogen – treibend zum Land

dort laufen sie züngelnd aus – auf gelben Sand

und formen am Meeressaum kleine Gebilde

aus schimmernden weißen Schneewehen

gleich den Eisbergen an den Polen.

Im fahl-matten Licht der Mittagsstunde'

am Fuße des eisig geformten Schnees sich sammeln

unzählige perlmuttartig glänzende Muscheln.

Vom Boden gelöst, genießt das Auge die Weite des Hori-
zonts,

dann schweift der Blick über die wellige See unverstellt

bis der Dünenkamm an der Naht zum Meer ihn sanft fest-
hält.

In hellen und dunklen Grautönen die Wolkendecke lückenlos
ruht,

bis von des Windes Kraft sie in plastische Motive aufge-
trennt,

denen das sinkende Licht rötliche Färbungen schenkt.

Und auf dem Grund vorm sandigen Wall mit reicher Mul-
denpracht

der sonnige Schein sein Schattenspiel musterartig treibt

mit dem verwehten Schnee, der in sich ruhend liegen bleibt.

Auf der kühlen Haut prickeln fliegende Körner

aus dem hoch gewirbelten Sand oder salziger Gischt,

wenn das freigestellte Gesicht von ihnen wird erwischt.

Die Lungen gefüllt von den kalten Briesen,

so dass sich ihre Flügel voll gestärkt heben,

um den Körper neue Frische ab zugeben.

Stapfend gegen des Windes Kraft gestemmt

in warmer Kleidung wohlig aufs Beste verpackt

es unter den Stiefeltritten hörbar leise knackt.

Muscheln wie aus feinstem Porzellan

mit zartem Ton unter den Sohlen zerspringen.

Verschwenderisch viele auf diese Art singen.

Die Sinne und das Herz reich belebt,

komme ich frohgemut zu Dir zurück,

bring' Dir winterliches Naturglück.

Brause zärtlich in Dein Ohr Wogen und Wind,

schenke ein salziges Küsschen Dir geschwind,

blicke verträumt in Deine Augen,

geb' Dir den Horizont zu schauen

Meeresbraut

Entlang des Ufers sie gern spaziert,

sie liebt die Weite der See,

sie liebt die Weite der See.

Der freie Blick nach Innen führt,

so öffnet sich das Herz auf's neu.

Am Meeres Saume sie gerne sitzt

sie liebt der Wellen leises Rauschen

sie liebt sie der Wellen leises Rauschen

ihr Rhythmus das Innere beruhigt

so lindert sich der Seele Weh.

Die Brise vom Meer sie gerne spürt

der freie Atem Kraft gebirt.

Natur ersinnen

Am Meeressaum sie gern spaziert,

sie liebt die Weite der See,

sie liebt die Weite der See.

Der freie Atem Kraft gebirt,

so lindert sich der Seele Weh.

Auf Bergeshöhn sie froh wandert,

sie liebt die unverstellte Sicht,

sie liebt die unverstellte Sicht,

der freie Blick ihr Ruhe schenkt,

so füllt das Herz Gelassenheit

Am Flussgestade sie glücklich schreitet,

sie liebt das sanfte Gleiten,

sie liebt das sanfte Gleiten,

die Änderung ihr Offenheit bringt

so lernt der Geist Lebenswelten

Am Meeressaum

die Füsse im Sand

es rauschen die Wogen

den Blick Land abgewandt

es rauschen die Wogen

der Horizont gebogen

es rauschen die Wogen

Spuren

Es gibt Spuren die vergehen,
so wie Winde Sand verwehen,
sie haben sich zu wenig eingedrückt,
Nachhaltiges ist Ihnen nicht geglückt

Es gibt Spuren die verbleiben,
kein Wind kann den Sand vertreiben,
sie sind unverwüstlich, wie festgegossen,
denn in sie ist Beständigkeit geflossen

Deine Spuren hab ich aufgenommen,
sie können mir nicht mehr entkommen,
sie sind in mir vor jedem Wind bewahrt
und ihr Eindruck bleibet in mir zart

Luft

ein Schrei
nach Leben
ein Hauch
zum Sterben

zum Leben
strömt sie ein
zum Tode
verlässt sie Dein

für alle
genug vorhanden
wenn wir
genügsam teilen

wenn wir
nicht verdrängen

durch Gase
anderer Arten

wir könn'
sehen sie nicht
doch wir
spüren sie leicht

durch heben
und senken der Brust
beim Stürmen
bereitet sie oft Frust

auf anderer Ebene
als flüchtige Gestalt

Amsel

Wenn bunt die Sonnenstrahlen leuchten
in der Sommerzeit,
hör ich Dich schwarzes Vöglein flöten
in der Abendzeit.

Deine Melodie tönt vertraut,
klingend von oben
sie jede trübe Seele aufbaut
lauschend von unten.

Du weist wohl zu anderen Welten
denen, die sich öffnen
diesem Zauber

Großer Vogel

Du gleitest lautlos
plötzlich ist Dein Schlag
über mir,

ich zuck zusammen,
schaue nach oben
hoch zu Dir.

Nimm Mich mit
auf Deinen Schwingen
ins Ferne

zum Orbit der
Allliebe hin, die
in uns triggert

Zärtlichkeit,
Innigkeit
Wohlwollen.

Der kleine Tiger

Seit frühen Kindertagen

bin ich Dein lieber Freund,

der Dir brummte am Abend

leise in Dein Ohr:

Brrr – brrr

Damit Du sanft konnt's schlafen,

lag ich friedlich neben Dir

so bekamst Du ein Gespür

von Kraft und Stärke-.

Brrr – brrr

Auch in Zukunft – glaube mir,

will ich Dir Mut vermitteln,

kein Schicksal kann Dich schütteln,

Du wirst es sicher tragen.

Brrr - brrr

Katzenfreuden

Sie liegt in gelöster Pose

auf Ihrem Lieblingsplatz

mit erschlafften Glieder .

Sie wirkt so brav

in Ihrem Schlaf.

Auf dem wärmenden Fell

sanft ihre Pfötchen ruhen,

das Köpfchen locker neigend

die Augen fast zu

voll innerer Ruh.

Sonnenstrahlen sie liebkosen,

ihr Näschen schnuppert leis,'

ihre Ohren bleiben aufgestellt,

wenn ein Ton erklänge

sie sofort auf spränge.

Erwacht, stellt sie sich auf die Füße,

ihren Rücken zum Torbogen biegend,

dann Vorderpfoten gespreizt vorgedehnt,

das Köpfchen tief gesenkt,

den Hintern hoch gestreckt.

Tapsend sie sich nun fortbewegt,

vorsichtig das Umfeld erkundend

ist sie auf der Pirsch nach Angenehmen:

Wo gibt's es Gaumenfreuden,

Oder gemütliche Traumliegen?

Sie findet alsbald einen Schoß ,

in den sie sich kuschelnd legt

Um streichelnd verwöhnt zu werden,

sie kräftig schnurrt

ihr Glück umgurrt

Doch öffnet sie die Augen weit

verfolgt Sie achtsam schauend,

was sich bewegt, die Ruh' ist hin;

versucht es zu erhaschen

mit Krallen zu kaschen.

Nun fällt von ihr Sanftheit ab,

es erscheint die Kampfnatur,

sie kratzt und beißt Erreichbares

ganz ungehemmt

und ungebremst.

Trommelnd ihre Tatzen knallen,

wenn über den Boden Sie jagt,

kein Hindernis bringt sie zum Halten

es geht hinauf, hinab

bis Sie plötzlich stoppt.

Dann verharrt Ihr Körper gespannt

die Augen durchdringen die Gegend

die Ohren richten sich lauschend auf:

Nichts bleibt unerkannt

Nichts bleibt unerhört

Hochzeitssterne

Über Euch sei das gewölbte Himmelszelt
funkenlnd von Glückssternen prachtvoll erhellt,
mittendrin ein heller Fixstern blinkt
von dem aus der kleine Prinz Euch winkt.

Auf dem stillem Monde vis á vis
denkt das Kälbchen spontan dies :
"Ich schicke dem hochzeitlichem Paar
mild leuchtendes Strahlenlicht fürwahr,

dann träumen sie in aller bester Ruh
und leise schnurrt ihr Kätzchen wohl dazu.
Geht später auf am Horizont die Sonne
sie fröhlich sich erheben - voller Wonne "

Horizont

Am Elbufer sie gern spaziert,

auch liebt sie die Weite der See,

auch liebt sie die Weite der See.

Der freie Atem Kraft gebirt,

der weite Blick ihr Ruhe gibt

so lindert sich der Seele Weh.

so lindert sich der Seele Weh

Schließ die Augen

am

flachen

Uferstrand

glitzern - züngelnd

über Sand

laufen

aus

leis'

flutend

die Wellen

wiederkehrend -

es saugen

Seelen

sanft

den

Rhythmus

schwingend auf

von Alltagslasten

frei zu werden

schweben

fort in

lich-

te Weiten

zum Träumen

Kinderharfe

Zart wie ein

luftiger

Herzschlag

bringt Zupfen

die Saiten

zum sanften

Schwingen.

Die Ohren

strecken sich

ihm hin und

erfreuen

die Seele

mit zarter

Harmonie,

die unser

Herz mit pul-

sieren lässt.

Nachtliedchen

Der Lärm des Tages stark braust
in schrillen Melodien
leise kommt die Nacht
auf sanften Schwingen

Die Sunn taucht in rötlich Licht
die Wolkenpracht am Himmel
es schenkt Dir die Nacht
helles Schattenspiel

Zieh Dich zurück von Deinen
Sinnen, find Dich im Innern
die Nacht dient der Ruh
mach Aug und Ohr zu

Spür noch die Wärme von mir
verschlungen in einander
Dunkel uns umhüllt
bis das Licht durchbricht

Nacht Liedchen

Du bist da

(in Gedenken an Tante Marianne, nach einem Bild von ihr)

Bist in meinem Garten

als prachtvolle Blume

umgeben von Beeten.

Dort erfreue ich mich,

an Blüte wie auch Duft

von Herzen innerlich.

Lustwandle auf Wegen,

die die Rabatten sanft

einrahmend umgeben

und setze mich nieder

auf einem Ruheplatz,

leise summend Lieder,

lasse die Seele frei,

dass sie Dir begegnet.

Herz mehr denn Organ

Leise pumpt es im Takt in uns und pocht

beruhigend, sich selbst und uns stärkend mit rotem

Lebenssaft ohne Unterlaß. Es spürbar zum Hals schlagen kann,

wenn es zum Äußersten getrieben wird. Und steht es dereinst

unerweckbar still, wird unser Ende erreicht sein, das wir

vorbereitet und von uns lassend antreffen mögen.

Doch ist es mehr als ein Hohlmuskel; es

birgt und fragt nach Hingabe, es

steht für Mut und Stärke. Be-

denk seine Verwund-

barkeit beim

Du

Vertraute Stimme

Dich nehme ich wahr
ohne zu sehen.

Ich kenne Deine Stimme.

Rauscht die Luft hörbar
durch den Kehlkopf hindurch,

erkenne ich Dein Räuspern.

Wird der Ton geformt,
der in der Höhe liegt,

hör ich Deine Stimmlage.

Du trägst vor mit Verve,
stimmungsnuanciert,

akustischen Bildern gleich.

Der Inhalt ist oft
spirituell, den Du

den Anderen glaubhaft machst.

Du trittst nicht nur vor,
sondern reihst Dich im Chor ein,

dem Du sichre Klarheit schenkst.

Oft klingt Melodie
aus Dir, die andere erfreut.

Viele kennen Dein Summen.

So schwingst Du weiter
auch wenn Deine Stimme schweigt

stille als gewesener Klang

Deine Hände

Wenn ich bei Dir
war, hab ich sie
oft gehalten.

Traulich waren mir
die Deinen durch
festes Fühlen.

Sind Deine Finger
fülliger ge-
formt als meine.

Manchmal lasse schier
zurückzucken
ich die Meinen,

wenn nur leicht ich spür
'Unreines
an den Deinen.

Danach

Im
Nachhinein
konnte ich es erst checken,
dass Du mir woll'st schicken
von ganzem Herzen ein Danken,
das mit zärtlichen Ranken
zu mir hin schwebte.

Es
fehlte mir
wohlwollende Achtsamkeit
für Deine Zugewandheit,
von mir verformt in Verletzt-sein
das in mir führt zum Stachlig-sein -
Offenheit verging

Auch

wenn der Einsicht
verspätet sich erst einstellt
hoff' ich, dass es mir gelingt,
Dein Lieb' nochmal zu beleben
und Dir mein Herz ganz zu geben.
Kannst Du es nehmen?

Zauberhaft

Im Innern sehe ich
roten Mohn
im Schnee

Delphine die im
blauen Himmel
gleiten

Finken sich in dem
großen Meere
tummeln

Im Innern fühle ich
selig tanzen
mein Herz

Du hast die Welt
verzaubert mir
oh blieb's
so

AugenBlicksLieb

Du wendest Dich zu mir,

die Augen suchen sich,

die Blicke tasten sich

öffnend vor zum wir.

Du lädst mich

in Dein Innres

liebevoll ein,

ich werfe auch

die Augschleier fort,

lass los.

Einander eingetaucht,

erfüllt Zärtlichkeit uns,

beseelt durch den Moment

fühlen wir uns entgrenzt.

Focusiert

Bin ich achtsam,
richte ich meinen Sinn
auf ein Etwas hin -

kann doch nicht – wovon ich umgeben -
gleichwertig in mir erleben.

Bin ich liebevoll
einem Du verbunden,
da sich unsere Herzen gefunden,

lass mich spüren in der Zeit,
dass ich bin an deiner Seit.

Achtsamkeit und Liebe
füllen uns aus.

Weg - Weg

Weg mit denen,
sie passen nicht
zu uns.

Weg mit Ihrem,
wir nehmen es
an uns

Weg mit Ihrem
Lebensrecht.

Wir schwingen uns
zu Richtern auf
und schlagen als
Täter fest drauf.

Wir lassen Hass,

Verblendungen
des Denkens in
unserem Tun
allein Walten.

So ist der Weg
zur Lebenszerstörung.

Statt des "weg mit"
haltet doch zu
ihnen mit Herz,

lasst entdecken,
was verbindet.

Fühlen wir als
zugewandte
Beobachter
uns ihnen nah.

Leben Kontakt

neugierig
unverstellt
wohlwollend
mitfühlend
reflektiert.

So ist der Weg
für Lebensentfaltung

Glücklich

mein Herz hüpft im Leib

schwebend tanze ich
im Regenbogenlicht
euphorische Kreise

sauge mich voll
schütte mich aus

teil es mit Dir

Glück

Oft kommt es
unerwartet

sei filterlos

es schenkt Dir
liebste Gefühle

sei filterlos

durch den Mensch der
bei Dir verweilt

sei filterlos

vom Tier das lebt

im Einklang

leb respektvoll

von der Pflanzen
Pracht um Dich

leb respektvoll

Natur Vielfalt
rund um Dich

leb respektvoll

Licht, Liebe, Lust
bereitet's

fühl achtsam
Regenbogen
zaubert es

schweb' achtsam

Klangerlebnis
sendet es

schwing achtsam

Mitgefühl

Spüre nach
wie Duft
den Raum
durchzieht

Sei offen
wie Erde
den Regen
aufnimmt

Lege ab
deine Brille
nimm die andre
zum Sehen

Begleite achtsam
alle Regungen
ob freudig, traurig
oder geschunden

Sei nahe
umhüllend
gib Wärme
ohn' Enge

Werde Dir dem
Verbindenden
gänzlich bewusst.

Mein Mitgefühl

Bin ich nah
begleitend?

Wandle ich auf
Deinem Pfad
in Deinem Lauf?

Nehm' ich wahr
wie Du es tust?

Kann ich meine Filter
durchlässig halten
wieder immer wieder?

Stülpe ich
nicht über?

Bin ich anwesend

einfach ohne
Bedingung stellend?

Vergesse mich
nicht im Du?

Bin ich ganz bei Dir
und doch ich selbst
im gemeinsamen Hier?

So lern' ich
mit zu fühlen.

Mitfreude

Offen seien für
das Strahlen
der Anderen,

mitschwingend
kann Fröhlichkeit
zur Freude werden,

sie kann auch
weiter wachsen
zum selig Fühlen.

Zurückstrahlend
sich gegenseitig
energetisierend

lasst Hemmendes fallen,
es hindert uns nur
beflügelt sein zu können.

Meine Mitfreude

Warum bloss fällt
sie mir so schwer:

ist es der Neid,
der mich engt?

ist es das Glück,
das nicht mich beschenkt?

ist es die Chance,
die ich verpennt?

ist es die Idee,
die ich nicht gebar?

es ist das Kreisen,
um meinen vermeint-

lichen Verlust,
der schafft den Verdruss?

Davon möchte ich
mich gänzlich lösen,

möcht' mit Anderen
in Freud' erstrahlen,

so verstärkt sich gleich
gemeinsame Lust

geweitet wird Brust
und Herz zum Glück

Güte

Seh' mit demHerzen
auf das was passiert.

Hörst Du ätzende Worte,
trifft Dich eine raue Geste,
so lass sie auslaufend verhallen,
lass sie in die Weite sich verziehen.

Hör' tiefer hinein,
sieh' hinter den Schein,
deck auf was uns verbindet,
so dass Trennendes schwindet.

Statt Verletzendes zu pushen,
Drohendem zu kuschen,
förd're aktiv Toleranz
nutz' dies Chance

Lass Güte sich entfalten,
sie wird zu klein gehalten.

Meine Güte

Denke ich nur ”Meine Güte“,
so bricht sich mein Ärger Bahn.
Ins Gesicht steigt mir die Röte
und die Muskeln spannen sich an.

Die Härte macht mich fest und starr,
auf Feinheiten ich geb' nicht acht,
das Wahrnehmen ist nicht mehr klar,
so dass das Handeln kräftig kracht.

Oh fände ich doch den richtigen Drall,
den störenden Ärger zu verhindern,
dann bliebe aus der schrecklich laute Knall
und ich brauche nichts danach zu lindern.

Güte kann jeder jedem schenken,
auch dem, der einen verletzt,
jeder braucht nur zu bedenken,
wie seine Schroffheit ätzt.

Gleichmut

Halte aus,
ohne Scheu,
ohne Ärger
Stand haltend,

im Herzen
Tapferkeit
und Liebe
integrierend,

so wachsen
Deine Kraft
Deine Geduld
erblühend.

Leid und Lust
im Kommen
und Gehen
erkennend.

So kannst Du
ruhen im Selbst
abgeklärt
tief gründend

Mein Gleichmut

Er kommt selten zur Entfaltung,
denn ich lass mich spontan gehen,
wenn Erwartungen verwehen,
wird Frust zur inneren Haltung.

Dann werden Sinne getrübt,
statt Offenheit für das, was ist,
gilt nur was innen im Schwung ist,
obwohl es klar ins Abseits führt.

Manchmal beschleicht mich Angst statt Frust,
wenn Bedrohliches mich ereilt,
das klamme Herz geschnürt verweilt,
dann mangelst dem Geist an Denklust.

Beginnt Gleichmut in mir zu strahlen,
kann ich Abstand zum mentalen
Geschehen halten
und beobachten,

wie Gedanken und Gefühle

sich mischen zu einem Gewölle,
von dem dann befreit,
wird's Handeln gescheit.

Weisheit

Erkenntnis über
den Tag hinaus,

ihr liegt das
Wissen um die
Allbundenheit
zugrunde,

wie auch die
anteil'ge Chance
der Handlung des
Einzelne.

Gelöst vom
Verhaftetsein
kommt sie dimen-
sionenfrei.

Intuition und
Wille sind Teil
von Bewusstheit,

unmessbar,

energetisiert der
Schwerkraft entzogen

Meine Weisheit

Denk ich am Tag,
bleib ich hängen
beim konkreten
Kleinklein.

Ich seh mich im
Vordergrund:
Wer dient mir,
was nützt mir,
wem schadet's,
wie adelt's,
wo kann ich's zeigen,
wo kann ich's meiden,
wann ist's perfekt -
so läuft der innere Check.

Auch in der Nacht
bewegt sich die Flut
der Gedanken
in den Schranken

vom großen Ich.

Nur manchmal blick
ich wie im Traum
hinter die All-
tagskulissen.

Dann öffnet sich
ein Raum voll von
Erfahrenem
Erahnbarem
Eingegebenen.

Du bist toll

weil es Dich so gibt
Du bist toll
egal, ob Du siegst
Du bist toll
auch wenn Du verlierst
Du bist toll
gleich ob Du es schaffst
Du bist toll
obgleich Du abschmierst
weil Du einzig bist.

Es ist toll
wir sind vielseitig,
es ist toll,
wir sind vielfältig,
es ist toll,
wir sind vielschichtig,
es ist toll,
wir sind vielsprachig,
es ist toll,
wir sind vielerorts.

Wir stehn zusammen

in Freude und Wut
in Angst und mit Mut
im Pech und im Glück
bei Trauer und Tod

Ins Leben geschenkt
Du uns bereicherst
liebevoll umarmt.

Zwischen

Unser Denken ist allzuoft
verstopft durch Dichotomie,
als gebe es nur entweoder
und nicht reichlich Zwischenspiel

Zwischen dem Weißen und Schwarzen
Graues stufenlos nuanciert
und manches Mal, ganz unverhofft
Farbliches aufbrechend brilliert.

So wie hinter Nacht und Wolkengrau
die Sonne in Tau und Regen
die Pracht der Regenbögen zaubert
als große und kleine Brücken.

Weite in unseren geistigen Blick
können Scheuklappen bringen,
wenn sie fallend ein Entweoder zum
auch das Gesichtsfeld öffnen.

Manchmal liegt die Vielfalt klar vor Augen,
wie einWald aus Bäumen besteht,
manchmal kann nur intensives Blicken
helfen, dass mensch nichts entgeht

Muss

Vier Buchstaben machen sehr viel Druck,
sie nerven und bereiten enorm Stress,
sie sagen straff an,
was zu gescheh'n hat.

Doch mal ganz gemach, schau hin und guck,
lass Dich nicht unterkriegen, sei recht kess,
Bereite dem Bahn,
was Dir Freude schafft.

Ein Muss, empfunden als äußrer Ruck,
sieh an als einen störenden Abzess,
drück ihn aus, dann
hast Du neue Kraft.

Befrei Dich mit energischem Ruckzuck
von dem aufgebürdeten Gefängnis,

dann bricht der Bann,
Du bist aus der Haft.

Das offene Tor wirkt erst wie ein Spuk
doch traue Deinem Freiheitsbedürfnis
dann ist Leben dran,
frei und zauberhaft.

Isch Guat?

Ich habe etwas vor,
will Dich dafür gewinnen,
ich säusele Dir ins Ohr
isch guat?

Du zeigest Dich spröde,
ich bin schon halb von Sinnen,
Du findest es blöde.
Isch guat?

Ich nenne selbstlos dir
die Vorteile für dich.
Du denkst, was will er nur?
Isch guat?

Einfach krieg ich dich nicht
umgestimmt, beharrlich
folgst du deinem Ziel.
Isch guat?

Aber meinem Drängen
kannst Du letztlich nicht Stand
halten, ich kriege dich.
Isch guat?

Du gibst nach, wenn es auch
nicht Begeisterung fand
bei dir, sie kann kommen.
Isch guat?

Dein Nachgeben schenkt uns
Frieden und dir's Gefühl,
der Klügere zu sein.
dann kann es am Ende guat sein

Ein anderer Standpunkt

Willst Du den Standpunkt wechseln
brauchst Du um ihn einzuneh-
men Mut, Geduld und Übung.

Nimmst Du den schnellen Wechsel
vor, kannst Du Dich überschlagen
ein Halt ist schwer zu finden

Übst Du das sanfte Ändern,
musst Du statt mit Schwung die Glieder
mit voller Kraft hochheben.

Finde den eigenen Weg,
die Energie anzuleiten,
um auf dem Punkt zu stehen

Kommst balancierend zur Ruh,'

dann gibt Dich dem Neuen hin,
erfährst den anderen Sinn.

Selbst

ich bin nicht Viele
ich bin Alle

nicht alle im
Sinn von leer

sondern im
Sinn von mehr -
Lebenskraft.

Mein Herz schlägt
im Rhythmus,
der selbst in
Steinen schwingt.

Mein Geist ist
verbunden
mit Deinem.

Fühl ich's öd,
werd nicht blöd:

ungetrübt
bleibt mein Selbst

Speerwerfer

Zügig gleitet der Fuß in den Ausfallschritt,

bedächtig zieht die Hand den Arm zurück,

sanft richtet der Kopf nach vorn den Blick,

fließend die Bewegung den Speer in die Ferne schickt.

Trommeln und Tanz

Schlag auf Schlag
bringe ich
das
gespannte Fell
in Schwingungen.

Schlag auf Schlag
wirbele ich
mit
den Händen
durch die Luft.

Schlag mit Schlag
durchströmet
mein
Körper ganz
der Rhythmus.

Schlag mit Schlag

befreiet
mein
Geist sich von
dem Alltag.

Mit Taktgefühl
und Akzent
sende ich
eine Botschaft
zu den Hörenden.

Bei denen,
die spüren,
kommt auch an
diese Nachricht,
wenn sie bereit sind.

Trommeln und Raum

Doch
bin ich
für mich im
weiten Rund
allein und trommle:

Kommt
der Ton
zurück als
leises Echo,
werden Grenzen hörbar

Wenn
er ver-
klingt in der
freien Ferne,
wird Stille erfahrbar.

Rote Derwischin

Flink drehe ich mich
in der Dämmerung,

wie Sternefunkeln
glitzert mein Gewand.

Es weitet sich aus
formt gleichsam Flügel.

Freundlich schenke ich
ein Lächeln ganz Dir,

nehme Dich schwungvoll
mit - lass die Leine

los und uns schweben
zum Traum von Respekt

Friedfertigkeit und
Wohlwollen weltweit.

Nicht erst im Jenseits.

Schatz

Er hat uns gewärmt
wie im Oktober die Sonne,
er hat uns geschaut
mit großen Augen voll Wonne.

Er war uns nah,
wir hielten ihn in den Armen.
Er blieb uns kurz
so sehr wir riefen den Namen.

Er ist begraben,
wie ein Schatz am stillen Ort,
er ist bewahret
als Kleinod im Herzenshort.

Erfüllt sein

Dein Blick fängt mich ganz ein
wortloses Verstehen
gefühlsfreie Freuden
angenommensein und
beglücktes Annehmen

Moment frei von Zeit und Raum.

Lebst in mir voll Zärtlichkeit,
höre Deine Stimme,
schmecke Deine Lippen,
spüre Deine Wärme,
taste Deine Gestalt

erlebbar immer und überall.

Schließe milde die Augen,
fühle mich in Dir wachsen,
lass mich schwerelos werden,
tanzen wie ein Tangopaar

zur Musik ohne Töne
zum Rhythmus ohne Schlag

im Licht des Unendlichen

zwischen den welten

bin ich bereit

werde ich gelassen

licht aus gestreuter

helligkeit

scheinend von dorten her

stille von schwingender

lautlosigkeit

tönend von dorten her

stimmung empfundenen

übergangs

zur weite des unfassbaren

schon angenommen

für das wandelnde erneuern

Geschwister

Sie sind nicht gewählt
nicht gewählt, gar nicht gewählt
sie sind es nicht
und sind mir doch so nah
so nah, so unendlich nah,
bei mir ganz dicht

Eltern uns verbinden
die Eltern, die Älteren,
Wie verflochten
Zum Zopf verschlungen
Innig verschlungen, -gen
Neu sich bilden

Fäden bunt und biegsam.
Wenn es auch Kratzt, manchmal kratzt
Bleibt's nie kratzend,
es überwiegt Flauschiges,
das anschmiegend ist und
wohlig wärmend.

Dem Geflecht folgend
strängeweise nachfolgend
entsteht Weite,
zum bunten Teppich schlingen
sich die Fäden grenzenlos
in die Breite.

Wie der Teppich ist geknüpft
regenbogenbunt und fest
durch die Fäden
sind wir geschwisterlich ver-
bunden über die Völker
auf der Erden.

Schlaf

Komm nimm mich
in Deine Arme
umhüll mich ganz
schenk mir von
Deiner Wärme

Beruhig der
Gedanken
Unrast, könn'n
beizeiten
weitergehn

Lass des Tages
Hektik ruh'n
schaffe Platz
dass Stille
Einkehr hält

So hör ich

des Herzens
Schlag und spür
wie der Atem
ruhig fließt

Der Körper
sinkt und schwebt
schwerelos
der Ferne
scheinbar zu

Ja, schenk mir
einen Traum
der mich stärkt
für das, was
kommen wird

Halt von mir
fern den Alp
dass ich nicht
harsch erschreck
und die Nacht
zum Tag wird

Tauch tiefer
mich ein ins
jenseits vom
Kosmos hier
unbeschwert

Dort bin ich
frei von mir
geborgen
im Unbe-
schreiblichen

Leis führ mich
dann zurück
erwachend
mit DIR als
Glück im Arm

Schlaf anders

Oft wirst du, Schlaf, als Bruder des Todes gesehen,
mit dem wir in eine andre Welt eintauchen,
in der wir ängstlich nach innerem Frieden suchen,
doch meistens uns heftige Gefühle bedrohen.

Ich möchte dich sehen als Geschwister des Lebens,
das uns neues Potential für das Wachsein schenkt,
in dem es durch Gleichmut für Zuversicht sorgt
und in uns weckt den Schlummer des Friedens.

Sanft öffnen sich die Lider zum Blinzeln ins Licht,
allmählich rückt das Weltliche wieder in Sicht;
des Traumes Schleier verflüchtigt sich wie Wolkendunst.

Von magischen Kräften aufs Neu geboren
offen für das Kommende auf weiten Fluren
lebe das Wachsein nach individueller Kunst.

Gute Nacht

Die Sonne zog es
schon lange
sichtbar ungesehen
errötend
hinter das
Weltrund
weg

Lichter wie Sterne
leuchten sanft
Gedanken Hände
ausschwingend
ruhen sich
bei mir
aus

Des Tageslärm schwillt
allmählich

unerhört gehört
ausklingend
ab gibt
Stille
Platz

Wärme umhüllt
den Körper
Geborgenheit wohl
entspannend
kommt nun
lächelnd
Schlaf

Davon

Es ist kein Abschied wie gewohnt,
es ist der Abschied in den Tod,
Du bist davon.

Du bist nicht mehr in unserer Welt,
leise hat sich Trauer eingestellt,
Du bist davon

Sie hat mein Gemüt ganz aufgewühlt,
manch fremdes Wort sich spitz anfühlt,
Ruh' ist davon.

Damit es bei mir nicht ärger wird,
such' ich, was zur Verständigung führt,
Zorn ist davon.

Ich steh vor Deiner letzten Kammer,
gehst in den Wandel ein für immer,
Welt ist davon.

Ich mich stille zu erinnern such',
reiße weg das graue Schleiertuch,
Grau soll davon.

Meine Gedanken spazierengehen,
Dich in vielen Facetten sehen,
Grau ist davon.

Von Deiner Kinder- und Jugendzeit,
weiß ich nichts, sie liegt zurück zu weit,
Zeit geht dahin.

Zu jener Zeit das Leben fürwahr,
recht grausam in vieler Hinsicht war,
Zeit geht dahin.

Blauäugig wurde eingebunden,
der nicht des Wesens Kern gefunden,
Verlust dabei.

Das Wissen hast Du mitgenommen,

habe wenig davon vernommen,
Verlust dabei.

Später in Deiner Zeit als Twen ward
das Leben freier und kam in Fahrt,
Freude dabei.

Dich zog es strandwärts leicht gewandet,
bist gern im fröhlichen Kreis gelandet,
Freude dabei.

Aber auch zu der montänen Welt,
hast Du Dich im Wagner Bann gesellt,
Schwinge davon.

Hast Dich positioniert mit dem Schwan,
geträumt vom musischen Galan,
Schwinge davon.

Musisch liebtest Du es expressiv,
zwei Bilder beeindruckten mich tief,
Blicke dahin.

Gegenüber Anderen bliebst Du
eher introvertiert, schautest zu,
Blicke dahin

Deine Augen strahlten Wärme aus,
Dein Mund sandte ein Lächeln voraus,
Fühle damit.

Du miedest in Beziehung Härte,
so dass sich nie jemand beschwerte,
Fühle damit.

Suchtest gern etwas praktisch zu tun
konntest in der zweiten Reihe ruh'n,
Steckst dahinter

Auch beim aktiven Musizieren
fiel Deine Wahl auf das Begleiten,
Steckst dahinter.

Schriebest Briefe ohne Zahl zu der
Freundin, der Mutter und dem Bruder,
Kontakt dadurch.

Auch Tagebücher fülltest Du viel,
heut' wäre vielleicht ein Blog Dein Ziel,
Kontakt dadurch.

Vor Jahren änderte sich Dein Sein,
Dein Geist ließ den Körper fast allein,
Ferne dadurch.

In den Augen fand ich nicht mehr Dich
Deine Stimme sprach kein Wort für mich,
Ferne dadurch.

Suche Kontakt zu Dir zu finden,
durch Musik hören und singen,
Zugang damit.

Streichle auch leicht die geballte Hand,

benetze sanft den trockenen Mund,
Zugang damit.

Zum Schluß wurde Dein Gesicht mir fremd
und unsere Verbindung ward gehemmt,
Anschluss dahin.

Hab' durch Dich erfahren, Vertrautes
enthält auch Fremdes, Unentdecktes,
Anschluss dahin.

Mich tröstet nach der Trennung von Dir,
dass Du schenktest Deine Nähe mir,
bist nicht davon

Bleibst doch in meiner Erinnerung

Beerdigung

Du bist gegangen über Nach,t
hast Dein Ende leis vollbracht.

So hast Du es gewollt zu gehen,
ohne für Dich Hilfe zu erflehen.

Ich sitz vor Deiner leeren Hülle,
empfinde schmerzliche Gefühle,

was meine Augen vor sich sehen,
kann der Verstand zum Teil verstehen.

Der äußere Teil steht still vor mir,
ich spür' - es fehlt der Kern von Dir.

Im Familienkreis schreit' ich mit fort
zu Deinem friedlichen Ruheort.

Anerkennend beschreiben sie Dich,
so erschienest Du auch stets für mich

Ein Lied über Frieden verbindet
uns mit Dir, es weit hinaus tönet.

Ich geh zu Deiner Kemenate
und seh Deine Gestalt ganz lichte.

Traurigkeit sich in mir entfaltet,
Du hast Dein Leben hier gestaltet

Bist freundlich auf mich zu gekommen
und hast mich herzlich angenommen.

Bist mit Deiner liebenswerten Art
achtsam gegangen den letzten Pfad,

mit ihr hast Du die Welt bereichert,
dies ist nicht nur in mir gespeichert.

Zu Grabe tragen, ist kein Ende,

es folgen Wandel und Seins-Wende,

spürbar hier und da an manchem Ort
schwingest Du nachhaltig in uns fort.

Engelbild

Du gibst mir Halt
durch Deinen Blick
Fühl mich in
Sicherheit
gebettet.

Das Wuschelhaar
umkränzt Dein Haupt
wie eine
Sonnenkron'.

Deine Arme
sind ausgestreckt
wie Flügel
zum Gleiten.

Ein weißes Tuch
schenkt Dir Gestalt
gleich einem
Lichtwesen.

Bist um mich rum
rund um die Uhr,
nichts wird uns
je trennen.

Neujahrswunsch

Kraft gebend wie ein Stamm,
biegsam haltend wie Äste,
schützend wie Blätter,
farbig und fruchtbar wie Blüten
sei das kommende Jahr

Meine Lebensringe

Anfangs
lebe ich doch in
wachsenden Ringen,

die ins Weite treiben,
mich so profilieren;
geb dazu mein Mühen,
um sie mit zu formen.

Ebbt das Weiten teils aus,
werde ich nicht bange,
entdecke dann Neues
an manchem der Ringe,

strebe an, Erreichtes
zu vertiefen und zu
halten, hoff' Bewirktes
mag fortleben im Du,

bin so nicht verloren,
sondern schwinge weiter;
werd' auch neu geboren,
aus dem toten Körper.

Die Ringe im Hiesigen
sich weiten und engen,
sie im Jenseitigen
erneuernd einfließen:

wandelnd geborgen sein
macht überleben
sfähig

Pinneken kloppen

Ich leb mein Leben wie ein Pinneken,
fühle mich vom Stöckchen getrieben,
von Kräften außer mir.

Meine Gestalt ist individuell
mit Herzklopfen geschnitzt sensibel
zwei Spitzen zur Zier.

So entfaltet sich meine Lebenskraft
das Punktuelle weitet sich gleicht einem
Kegel, der sich Größe und Weite schafft,
spaltlos übergehend in einen zweiten,
abnehmend endend gleichsam geisterhaft.

Hat meine Schwingung innerlich berührt
wird sie außer mir weiter geführt
frei schwebend im Flug.

Verdrehende
Version 1

wir nehmen auf
was uns kränkt
wir würgen raus
was uns drängt

wir speien und speien

es im Bauch rumort
den Magen verrenkt
es pocht das Herz
der Geist verengt

wir geifern und geifern

das Sehen verschleiert
das Hören verrauscht
das Fühlen verbrannt
das Schriecken verätzt

von Sinnen und Sinnen

treten in die
boxen auf die
brüllen an die
Andern - perdu

geistloses vernichten wollen

um Verdrehen
zu verändern
die Anderen
in uns sehen

streiten wie mit sich
spiegeln mit Respekt
lieben mit Zärtlichkeit

frei schwingend
tanzen wir grenzenlos

Verdrehende

Version 2

ww   ww
 i i   aa
  r r   ss
   n w   uu
    e ü   nn
     h r ss
      mgkd
      r r ee
     ä ä   nn
    nn   ar
   kg   ua
  tt   fus

      wir

     ne sp

    ie   ei

   ps   en

    dun

Ee   dd

s s   ee

i p   nr

io   MG

Bc   ae

ah   gi

upst

nt cd

ve   ha

ei   rs

rn   uH

ee   me

nn   or

kg   rz

t t   t

Wir

nerf gei

ieg fern

dnu

dd   dd

aa   aa

ss   ss

SH   FS

eo   uc

he   eh

er   hr

ne   li

vn ee

ncev

vk re

ee sr

rn cr

bv ha

re lu

er es

na ic

ne eh

tt rt

z. t

von

nen Sin

niS   nen
dnu

tb   bA
ro   rn
ex   üd
te   le
en   lr
na en
iun-
apnf
ne dd
dr   ii
id   ee
eu

geist
nel   lo
low   ses
net   ver

hcin

uz   dä
mu rn
eVvd
he ee
e rr
nn

frei   gend
        schwin
tan   wir
        zen

gren zen los

Musik beflügelt

Zieht mich Musik in Bann,
so bin ich hin und weg,
verlasse meinen Platz
unbemerkt, schwebe los
schwingend in das Weite.

Bin leicht, obwohl erfüllt,
Fühl' mich offenherzig,
Zugleich gänzlich entrückt.
Bin von Grenzen befreit
Und doch nicht verloren.

Mitgerissensein im
Freien Miteinander
Von Geschwisterlichkeit
Über alle Bande -
Gestaltend oder hörend.

Nicht jeder Musik und

Nicht jedem Lied folge ich -
In ihm muss Nächstenliebe
und Lebenserhalt schwingen

In mir

Ruhe
entspannt
und
aufrecht

Augen
zu
seh licht

Ohren
still
hör weiß

Gespür
los
fühl frei

Atem
fließt
friedlich

Bin da

im

Weiten

Dankbar

und

zwecklos